AF453697

LE LIVRE DE PACET

℄ Comploration sur le trespas de deffuncte ma Dame la Regente, Mere du Roy Francoys Premier.

℄ Champ Royal, Ballade & Rõdeau en lhonneur de la Vierge Marie.

Ce vend par Galliot du Pre, libraire Iuré en luniuersité de Paris, ayant sa boutique au premier pillier de la grand salle du Palais.

Cum priuilegio.

Vpplye humblement Iaques delahogue
sergent a cheual au chastellet de Paris.
Quil vous plaise luy permectre quil puis
se faire imprimer par lun des libraires iu•
rez de luniuersite de Paris tel quil luy plaira vng
petit liure intitule Facet par luy naguieres traduict en
lague fracoise en forme de rhetoricque. Ledict liure
contient plusieurs bonnes doctrines et enseignemens
vtilles & necessaires pour linstruction des ieunes en•
fans, auecques vne comploration faicte sur le trespas
de defuncte tresillustre & tresloable princesse mada
me Loyse de Sauoye mere du Roy Fracoys premier
de ce nom, Et vng champ royal ballade & rondeau
faictz en lhonneur de la glorieuse vierge marie. Et
ordonner par vous deffences estre faictes a tous li•
braires & aultres quil appartiendra quilz nayent a
imprimer ne faire imprimer ne vendre ledict liure
iusques a deux ans ensuyuans, si nest celuy auquel le•
dict supplyant en aura donne la charge. Sur peine de
confiscation des liures quilz auroient imprimez &
venduz & damende arbitraire, & vous ferez bien.

Il est permis auecques les deffences iusques a deux
ans ainsy que requiert ledict suppliant, faict le cin•
quiesme iour doctobre. Mil cccccxxxv.

Signe   I.   Morin.

¶Le liure de Facet trãslate de latin en francoys.Et mys en forme de rhetoricque par Iaques delahogue sergent
a cheual au chastellet de Paris. Conte
nant plusieurs instructions vtilles &
proffitables pour ieunes enfans.

¶Prologue de lacteur.

Pour esueiller mon esprit endormy
Daucun scauoir pluspetit que vng formy
Au prys des bons maistres de rhetoricque
Desquelz on voyt amplemẽt la praticque
Tant bien ornee,& fluante en language
Quimpossible,est mieulx coucher dauantaige
Et pour bon sens,ou Rommant de la Roze
En Iehan le maire,ardu en rythme & prose
En sainct gelays euesque de renom
Et en villon qui fut bon compaignon
Puis quant ie lictz,soit de soir ou matin
Les dictz subtilz,de Guillaume cretin
De molinet,de bochet,de gringoire
De Iehan michel,bien dignes de memoire
De meschinot,& maistre alain chartier
Ie nay soubzhaict,questre leur heritier
De tel noble art,mais ce ne peult entendre
Mon rude engin,composer ne comprendre
Or toutesfoys,si petit que ien scay
Non bien instruict,ay entreprins lessay

a ij

De rediger & par traduction
Les documentz en compofition
Iadiz efcriptz, dun homme intelligent
Qui a Paris en fon temps fut regent
Faictz en latin & metrificature
Dont il auoit la veine & ornature
Nomme Facet, lequel fort defirant
Endoctriner, auffy confiderant
Faultes de meurs, en ieunes efcolliers
Aufquelz monftra, plufieurs vers familiers
Prins en Cathon, orateur trefprudent
Comme fon faict, le defcreuue euident
Et luy voyant, que cathon ne touchoit
Auctoritez, quexpreffement cerchoit
Pour corriger, diceulx fufdictz les vices
Lecons de meurs, qui leur fuffent propices
Par fpecial, des ftatuz de leglife
Que chafcun doibt, fcauoir par iufte guife
Et de lhonneur, & conftance notable,
Que toutes gens, doibuent tenir en table
Surce affembla, les difcrectz documentz
Dudict cathon, & aduertiffemens
Lefquelz bien veuz(compofa)ce traicte
Comme dhonneur, inftruict & affecte
De tous dictz, & meurs non eftans mys
Audict cathon, par oubliance obmys
Et le nomma Facet, de fon nom droict
Qui bien receu, eft veu en tout endroit
Lequel contient, pour lentendre & fcauoir
Vertus & meurs, que hommes doibuent auoir
Et des enfans premiere inftruction
Pour paruenir, a feure intention

En concluant que cathon, & luy veux
Bien entenduz, & en esprit receuz
On ne pourroit, a aimer dieu faillir
Na son prochainau besoing deffaillir,
Par aucun point errer en nulle sorte
Mais en vertu, & resistance forte
Malgre le dyable, & ses faictz vicieux
Ioye acquerir, & la gloire es sainctz cieulx.
☞ Cedict traicte, en troys pars se diuise
En la premiere, entierement deuise
De ce qua dieu, seullement appartient.
En la seconde, est veu & y contient
Qua son prochain il peult appartenir.
Et la tierce est pour veior & retenir
De ce qua soy, est diusant & loysible
Le tout fault faire au moins sil est possible.

Fin du prologue de Lacteur.

a iij

Facet en son proeme.

Vm nihil utilius humanæ credo saluti
Quam rerum nouisse modos & moribus uti
Quod minus exequitur morosi dogma ca=
thonis
Supplebo pro posse meo monitu rationis.

O mes enfans ie Facet petit maistre
Vous aduertys, que ie ne puys congnoistre
Aucun proffit, vtille & plus commode
A ieunes gens, que dentendre la mode
De sapience, & retenir la chose
Qui lhomme humain, a vray salut dispose
A celle fin, que congnoissant icelle
Selon son ordre, en vse & ne chancelle
Raison mesmeult, aussy faict charite
Le vous escripre, en toute verite
Pour & aussy que cathon homme sage
De plusieurs dictz a escriptz mainct passage
De grant proffit, mais ce quil a obmys
A mon pouoir, ay en ce liure mys.

Assint ergo rudes sitientes pocula morum
Hinc fontem poterunt haurire leporis odorum.

Non pour scauans, plus pour ceulx lentendz mectre
De rude engin, ignorans meurs & lectre
Et elloquence, attraicte de tout eur
Sen plusieurs lieux, veullent auoir honneur.
Parquoy pourront, se mes dictz tendent suyure
Retirer meurs, leur diusans par ce liure

Hic quoq; cum fructu parit ortulus ūndiq; flores
Ex quibus indocti poterunt excerpere mores.

Comme font ceulx, qui cerchent fruictz & fleurs
Es beaulx iardins, les treuuent, & odeurs
Desquelz ilz ont, pour affaire indigence
Lire & entendre & bien agence,

Fin du proeme de Facet.

Premier chapitre parlãt de ce qui appartient a dieu.

Vm nihil absq; deo sit proficui uel honoris
Primũ dei regnũ quæras in omnibus horis

Sans le vray dieu, nul proffit ne peult estre
Ne honneur aüssy, cest chose veritable
Parquoy premier, le te fault recongnoistre
Luy demandant, son regne incomparable.

Et sic omne bonum tibi plenius adijcietur
Quisquis deo seruit regnare deo perhibetur.

Voyre a toute heure, ainsy est conuenable
En ce faisant, de tous biens auras mectz
Cil qui dieu sert, par dict irreuocable
Regne icy bas, puis es cieulx a iamais.

Solum crede deum quem credis semper odora
Et quicquid facias quod ad ipsum spectat honora

Vng tout seul dieu, en troys personnes croyre
Tu doibz pour vray, & ainsy ladorer
En tous tes faictz, de bon cueur lhonnorer
De ce que a luy, appartient, pour sa gloire.

Ecclesiam clerumq; dei decorare labora
Et laudes utriusq; tuo pro posse decora.

Leglise & clercs de dieu, sans ignorance
Doibz venerer, & les choses sacrees
Les decorant, comme a dieu consacrees
Presbtres, aussy, car sur toy ont puissance.

Sacro cancello si quis sedet atque moratur
Ni legat aut cantet aut offerat egrediatur.

Sil est aucun, qui sassee ou demeure
Dens le chancel, & ne faict offre a dieu
Ou sil ne chante, ou lict, voise autre lieu
La place duyt, qui des troys, vng, labeure.

Quam cito tēpla subis recolas cur sis homo natus
Aut lege aut canta uel christo funde precatus.

Si tost quau temple es entre, considere
Pourquoy es ne, & faict raisonnable homme
Et de chanter, ou lire en briefue somme
Ou de prier Iesuchrist, delibere.

Quando deo seruis utrunq; genu sibi flecte
Ast homini solum, reliquum teneas sibi recte.

Quant tu sertz dieu,en leglise oyant messe
A deux genoulx,te mect deuotement
Mais a vng prince,ou autre simplement
Dun genoul seul,faictz luy dhonneur largesse.

Quando sacerdoti cultum familiaris ad are
Ambabus manibus quicquid agas famulare.

Quant a lautel le prebstre seruiras
Fayz a deux mains,le deu de ton seruice
Car a dieu seul , tel honneur est propice
Aux gens communs,sertz ainsy que pourras.

Semper utriq; tu o parere memento parenti
Sic eris longeuus uitaq; honore fruenti.

Tousiours conuient honorer pere & mere
Et leur porter,entiere obedience
Dhonneur auras ainsi par affluence
Et si viuras longuement sans misere.

Non facias alijs quod tibi minime fieri uis
Sic christo placidus & amicus habebere cuiuis

Par toy ne soit,a aultruy chose faicte
Que ne vouldroys,quon te feiit au semblable
De Iesuchrist ame seras sans fable
Et dun chascun leuangille le traicte.

Sis humilis mediante modo nimium fugiatur
Qui nimis est humilis hic adesse stultus putatur.

Humble doys estre a dieu par faict & dict
Et quant aux gens,en vser par maniere
Qui trop humble est,mect grauite arriere
Et est tenu pour fol,sans contredict,

Noli priuatus nimis aut affabilis esse
Qui nimis est priuatus eum uitare necesse.

Entre les gens,ne soyes trop priue
Ne trop affable,il nen peult bien venir
Qui tel se monstre,aduise retenir
Quauec prudentz,est tresmal arriue.

Sis iustus qui iustitiæ finaliter hæret
Ipsius semen nunquam panem sibi queret.

Iuste fault estre,adherant a iustice
Car ce faisant iamais tu nauras fain
Et ne querras, si tu ne veulx ton pain
Ne ta semence,il fault que esdict iuste ysse

Triplici fune fidem teneas qui fidus habetur
Supra multa uel hic aut in cœlis statuatur.

En tripple corde,auoir te conuient foy
A dieu premier,a toy et ton prochain
Fidelle aura,moult de biens pour certain
Cy ou es cieulx,par vng diuin octroy.

Sis celer ad quemuis sermonem præcipiendum
Sis piger ad quæuis uerba relata loquendum.

Pour escouter se que aucun te veult dire
Soyes leger & prompt le retenir
Mays pour le mal, quil en pourroit venir
Tardif doys estre, a aultruy le reddire

Ad ueniam curras ad uindictam pigriteris
Ad pacem properes ad iurgia ne gradieris.

Sy ton offence, ou quaies offence
Ne quiers vengeance, & demande pardon
Paix entretiens, la requerant par don
Chassant debat, trop plus vault que deffence.

Omni tu tribue pro christo laude petenti
Si tibi res desit des uerba benigna querenti.

Aux mendiens, qui pour lhonneur de dieu
Te requerront, donne leur de tes biens
Mays sy tu scez & congnoys nauoir riens
Vng doulx parler, pour aulmosne aura lieu.

Si dare uis placide dando tua munera ride
Si des plorando perdes tua munera dando.

Sy donner veulx, quelque don pour plaisir
Donner le fault ryant ioyeusement
Car le donnant souspirant tristement.
Tu perdz ton don, & tourne a desplaisir.

Obsequium præstare tuum sis cuique paratus
Retribuet quia pro meritis aliquis tibi gratus.

A toutes gens, offrir seruice pense
Combien quaucuns vsent dingratitude
Car vng viendra, qui mectra son estude
De bon voulloir, te faire recompense.

Si tibi seruierit aliquis sua premia tecum
Ne retinere diu curas si diligis æquum.

Sy seruiteur, pour affaire as ioue
Le pris quas faict, soit par toy acquite
Festinamment, si aimes equite
Le retenir, nest vers dieu alloue.

Omni spiritui non credas nam latet anguis
In uerbis quis decipitur simplex cito sanguis.

Croyre ne doys, toutes gens en parolle
Car le serpent, cerchant deception
Dedans cache, par caulte fixion
Decoit lhumble homme, & par malice affolle.

Sermo breuis uerúsque tuo procedat ab ore
Os mendax animum male uitæ priuat honore.

Peu parler doys, & dire verite
Car vng menteur, ne desert que reprouche
Bouche qui ment, perd lame & apres touche
Lhonneur du corps, dont est desherite.

Risus ab ore tuo pius & rarus uideatur
Per crebros risus leuitas in corde notatur.

Benignement peulx rire & peu souuent
Car le trop rire,enseigne estre notte
De legerte,ou pour sot denotte
Le moderer point ne se deult desuent.

Ne rideas solus quia risus solius eris
Prauus uel stultus reputatus omnibus horis.

Rire seullet,& de toy seul,ne fault
Qui ainsi ryt,mauluais est estime
Ou pour vray fol,de tous est desestime
Voyre a toute heure,en faisant tel deffault.

Nocte dieq; tuis tria sunt hærentia costis
Immundus,mundus,caro,curiosa,ferus hostis.

Tant nuyt que iour,garde bien de pecher
Car ioignant toy,sont troys grans ennemys
La chair,le monde,& le dyable y sont mys
Trouue moyen,de tost ten despescher.

Hæc & quicquid eis appendet idipse iuberis
Ast quæcunq; uides hæc præter amare teneris.

Fuyr ces troys,& cas qui en deppendent
Doys en tout temps,& contre eulx auoir haynes
Mais aymer tiens toutes oeuures certaines
Que congnoistras,fors que diceulx descendent.

Cœlum,mors orcus & quicquid deniq; possint
Ante tuæ mentis,quocunq; meas oculos sint.

Auoir te fault,troys poinctz deuant les yeulx
Et y penfer,toute heure fe es fenfible
Premier ta mort,denfer la peine horrible
Et la grant ioye infinie es fainctz cieulx.

Quid fis,quid fueris,quid eris femper memor eris
Sic minus atq; minus peccatis fubijcieris.

Toufiours auras, memoire & fouuenir
Qui tu es, fuz,& en la fin feras
En y penfant,petit te trouueras
Et moins fubgect,a peche fouftenir

Si tibi contigerit aliquid promittere fanctis
Solue libens ne te feriat uindicta tonantis.

Se aduenu teft,aucuns prefentz promectre
Aux benoiftz fainctz,paye les fans faillir
Laltitonant,ten pourroit affaillir
Et te frapper,par vengeance & bas meclre.

Quere neceffaria fed non cumulare labora
Sed cumules ubi fuprema ftatueris in hora.

Querir tu doys, chofe a toy neceffaire
Vie & vefture,& non acumuller
Biens temporelz,pour diuins anuller
Fayz ton trefor,ou te penfes retraire.

Vfuratorum predonum prefbyterorum
Caftigatorum mimorum canonicorum

Si marier te veulx,a femme ou fille
Garde toy bien que ne vienne dun prestre
Dun vsurier,dun basteleur agille
Daucun pugny,en place & public estre.

Natam uel uiduam ne ducas his quia dantur
Res male quæsitæ quæ iustius annichilantur

Dun larcineur,ne dung chanoine en cloistre
Donateurs sont,de choses mal acquises
Que clerement se peuent apparoistre
Adnichiller,par raisons bien enquises.

Ne cupias fieri diues uel inops utriusqʒ
Affectas medium sic tutus habeberis usqʒ

Pour viure en paix,de grans biens fuys lenuye
De peu aussy,les deux ne vallent riens
Moyennement,en pourchasse & retiens
Toute heure auras,asseurance de vie.

Si uideas aliquem casurum siue cadentem
Ne ride sed ei te præbe compatientem.

Si par fortune aucun cas il aduient
A ton prochain,& cheut il par trop boyre
Pource ne ryz,mais te monstre sans gloire
Paciemment auec luy,bien en vient.

Quicquid agas non pande tua secreta marite
Vnde tibi nasci possunt discrimina uitæ.

De reueller ton secret a ta femme
Ce te deffendz aumoins qui est a tayre
Car toute femme,est mauuais secretaire
Et par ce en a,mainct homme,este infame.

Quicquid agas non obijcias tua munera cuique
Hic nos usque mouet mentem mulieris iniquam.

Sy tu fayz dons,nen vse de reproche
A qui que se soyt,cest mauuaise praticque
Telle coustume ,esmeult pensee inexque
Aucunessoys a femme,& ne vault loche.

Si secretarum seriem uis noscere rerum
Ebrius insipiens pueri dicent tibi uerum

Sy scauoir veulx de plusieurs secretz lordre
Adresse toy premier a vng homme yure
Folz & enfans,tu pourras bien ensuyre
Des troys scauras verite sans desordre

Si quis in occursum uultu,ueniat tibi grate
Teque salutet eum tibi nil male uelle putato.

Sy par chemin,aucun directement
Vient deuant toy,te monstrant bon visaige
Sil te salue,ainsy que vng homme sage
Reppute lay,ton amy hardyment.

Mutis & tacitis uti nolito susurris
Nam raro fundatur in his fidei bona turris.

Dun qui trop parle,& en ſes dictz murmure
Ne dun muet,ientendz trop tacitif
Les frequenter ne ſoyes fort actif
Car tour de foy,ne ſont bonne ne ſeure.

Diſce puer ſitiens quem dat ſapientia fontem
Clauſum quinq; ſeris tenet hūc celſum prope mōtē

Mon bel enfant,altere de ſcience
Boy en la font,que donne ſapience
Cloſe & fermee,a cinq clefz pres dun mont
Hault a merueille,& pour monter a mont.

Doctorem reuerere tuum ſapientia primam.
Sic tibi dat clauem linguam quam dicis opimam

La clef premier eſt reuerer ſon maiſtre
En toute amour,& craincte recongnoiſtre
Et la ſeconde, auoir langue diſerte
Bien proferante,amyable & experte

Quere,recordare,retine,lege ſepe relecta.
Sic omnes claues tibi dat ſapientia recta.

Quant a la tierce,eſt cercher quon ignore
La quart a mon record & bon memoire
Et la quinte eſt retenir & relire
Ce quon a leu,tout ce a voulu eſcripre.
Et ten faict don,ſapience directe
Pour le loger en ta chambre ſecrete.

b

Femineo nunq̃ de sexu praua loquare
Sed quamcunq; uides pro posse tuo uenerare.

Iamays ne doys mal parler sur les femmes
Mays biens en dire, & honneur leur porter
De ton pouoir, venerer supporter
Et enuers tous les garder de diffames.

Si tibi sit coniunx semper parere parata
Excolat hanc ueneretur amet tua gratia grata.

Sy tu as femme a ton gre preparee
Et te obeyr est preste en toute place
Honnore la, luy conferant ta grace
Ainsy lamour, ne sera separee.

Fin du premier chapitre.

Le second chapitre traictant de ce qui
appartient a son prochain.

Rvsticus est uere qui turpia de muliere
Dicit, nam uere sumus omnes de muliere.

Celuy pour vray, qui parolle mect sus
Et qui mesdit de femme par laydure
Est veu rustic, lourdault, & plain dordure
Par ce que tous sommes de femme yssuz.

Si tibi sit coniunx lingua manuq; rebellis
Ne secum damneris, eam de iure repellis.

Le droict permect, que si femme as rebelle
Voullant vser, de sa teste, a sa guise
La chastier de parolle , ou main mise
Craignant de perdre ame, & corps quant & elle.

Si tibi sit natus peccantem corrige natum
Neue suum gratis dicare fruere reatum.

Si filz ou fille as, que pecheurs tu sache
Corrige les, instamment sans attendre
Ou autrement, on te pourroit reprandre
De les nourrir, en leurs vices & taches.

Si tibi sit seruus hunc sub pede semper habeto
Ne nimis elatus moueat tibi damma caueto.

Sy seruiteurs tu as, en ta maison
Tenir les fault, soubz le pied, & en craincte
Ou autrement, se esleueront sans faincte
Dont ia nauras, en fin bonne raison.

Vsq; tuis facias uicinis quod amaris
Sic tibi mane bono dum queris habere frueris.

En quelque lieu que faces demourance
De tes voisins, tu te doys faire amer
Tous les matins, de cueur doulx non amer
Deulx recepueras, bon iour par reuerence.

Si qua nouerca tibi fuerit uel uitricus esto
Gratus ut allicias ipsos cum corde modesta.

b ij

Sy a parastre,ou marastre es tenu
Monstrer te fault vers eulx,doulx & affable
Quant te verront leur estre tant traictable
Comme propre enfant,seras deulx soustenu.

Si tibi priuignus siti tu sibi confer honorem
Sic populi laudem matrisq; mœreris amorem.

Sy frere ou seur de mere seulle,ou pere
As premier nez que toy,honneur leur donne
Du peuple auras la louenge tresbonne
Et meri teras,auoir lamour de mere.

Si uideas fratres inter se bella gerentes
Neutri confer opem sed eorum corrige mentes.

Sy freres voys,ou prochains auoir noyse
Ne te mectz pas,dung party pour ayder
Monstre toy neutre ,a les contregarder
Et corriger leur penser,quoy quen voise.

Raro conuiuia ne consumptis cito rebus
In breuibus fias mēdicus inopsq; diebus.

En gros bancquectz ou se faict grant despence
Ne va souuent,plusieurs biens sy consumment
Sy tu y vas,necessitez te somment
Que tost seras,poure pour recompense.

Te tua mensa colat sed non simulare susurris
Dedecus est si discurrens aduena ligurris.

Suffise toy,de tes mectz que as a table
Sans aux gloutons reſſembler nullement
Sy ca & la,vas menger glouttement
Les biens daultruy,tu es vituperable.

Dum cibus extat in ore tuo potare caucto
In uaſis offerre decet non in ore repleto.

Quant en ta bouche aura de la viande
Garde toy bien, de boyre vin ny eauë
Souppes fault faire, en eſcuelle ou vaiſſeau
Non a la bouche, elle ſeroit gourmande.

Offat in ore rudis aſinus quoq; mingit in undis
Decipis in cacabum ſi fruſtra remoroſa retondis.

Laſne brutal,en ſa bouche faict ſouppe
Et le voyt on,fyenter en ſon bruuage
Tu te decoys,ſy remectz & nees iage
Le mourceau mordz,ou las prins & teſt coulpe

Non panem quem uis in diſco mittere morde
Nec mapa terga naſum madidum tibi ſorde.

Le pain que veulx,mouiller dedans le plat
Ne le mordz pas,auant que le ſaulcer
Moucher ton nez,a la nappe,exaulſer
Ce ne te puys,villain ſeroys tout plat.

Ad menſam de nare tua non extrahe nudis
Sordes cum digitis ne uideare rudis.

b iɲ

Estant assys a table,en compaignye
Sy en ton nez, aucune ordure sentz
De la tyrer nues mains,ne consentz
Mays dun mouchoir:ou feroyes villenye.

Qua tegeris non ueste manus siccato malantes
Nec mape terga dentes oculosq; fluentes.

Sy tes mains sont moictes en sorte aucune
Ne les essuye,a ton habillement
Tes yeulx plorans,ne dentz pareillement
Ne torche a nappe,il en viendroit rancune.

In propijs rebus laus est si largus haberis
Dedecus alterius res large dando mereris.

De ton bien propre,honneur test destre large
Moderement,sans prodigalite
Lautruy despendre,est infidelite
Proffit nen vient,descu, ducat ne targe.

Lupus opum proles generosa scientia serua
Bis duo sunt quibus extollit quis sine norma.

Au monde ya,buatre choses a eraindre
Qui lhomme font esleuer par simplesse
Race,beaulte,science,auec richesse
Pour ten garder,te les nomme sans faindre.

Si nihil ex istis te cognoscas decorare
Non te magnifices ne pro stulto teneare.

Et sy des quatre,exempt tu tapperçoys
Et en iceulx nadherer dun seul poinct
Magniffyer,pour ce ne te fault point
A celle fin,que fol tenu ne soys.

Fin du second chapitre.

Le tiers & dernier chapitre traicte de
ce qui a soy appartient.

 Fumo stillante domo neq̃ muliere
Te remmoue:tria sunt quæ poßunt ual
de nocere.

Troys choses sont,qui font lhomme sortir
De sa maison,dont lune est la fumee
Leau degoutant,& femme acoustumee
A riotter,bien ten veulx aduertir.

Duc tibi comparem morum sponsamq; uenustam
Si cum pace uelis uitam deducere iustam.

Espouse doys,semblable a toy,choysir
Suyuant tes meurs,& quil y ayt beaulté
Sy tu veulx viure en toute feaulté
Auecques paix,& en amour gesir.

Si tibi contigerit tè cum meliore sedere
Versus eum nolito genu sub cruce tenere.
b iiij

Sil te conuient estre en la table assis
Auec plusgrand que toy, en dignite
Ne mectz en croix, par ta benignite
Tes deulx genoulx, vers luy, & soys rassis.

Magnati uultú debes assurgere leto
Nec coniunctus ei ne se iusserit ipse sedeto.

Au rencontrer, de ton superieur
Fayz luy honneur, tenclinant lyement
Et ioygnant luy, ne tassiez nullement
Sans son command, ainsy que inferieur.

In quacunq; tibi non notam ueneris edem
Munda superficies terræ donet tibi sedem

En quelque hostel, ou nayes congnoissance
Toy arriue, ne tassiez en hault siege
Mays en bas lieu, de ce nas priuillege
Chef de maison, a chez luy, la puissance.

Cum pare instanti si uis potes ire licenter
Quod te præcedat tamen hunc permitte libenter

Egallement, auecques ton pareil
Peulx chemyner, soyt au dessus ou bas
Mays sil voulloit pour euiter debatz
Te preceder, permectz luy lappareil.

Si tibi contingat ut cum meliore uageris
Post pergas donec latus eius adire iuberis.

Sy vas par voye, auecques vng seigneur
Te humilliant, fault chemyner derriere
Et sy dapproche il tenioinct la maniere
Mectre te doys, coste luy par honneur

Si pergere pergas nunq̃ te iunge duobus
Disparibus currus raro trahitur bene bobus.

Sy par les champs, te mectz pour cheminer
Ne te ioinctz pas, auec deux de rencontre
Souuentesfoys en aduient mallencontre
Car deux en noise, vng peuent exterminer.

Si quis dignetur offerre cyphum tibi lete
Accipias, modice bibas, reddasq; faccte.

Sil test offert par aucũ, couppe ou tasse
Pour dedans boyre, en lyesse le prendz
Puys vng peu boy, apres le hanap rendz
Honnestement le mercyant, par grace.

Pauper & indignus si sis effundito totum
Et uacuum tu redde ciphum prius undiq; totum

Sy tu es poure & de viure indigent
Boyre peulx tout, puys le hanap luy rendre
Vuide & laue, on ne ten peult reprandre
Ce test aulmosne esgard que nas argent.

Quando ciphum capies auerso non bibe dorso
Nec facias offas de pane prius tibi morso.

Quant tu boyras,ce ne foit en derriere
Le doz tourne,& du pain par ton mordz
Souppe ne faictz,de ce foyes recordz
Comme vng villain,feroys mys en arriere.

Menfa tibi cubitum nunq̃ fuftentet edenti
Sed recte fedeas tecum feruito fedenti.

Deftre acoutte a table,fur tes bras
Ne tappartient,a difner ne foupper
Mays droict tenir,feruir & decoupper
A qui pres toy,eft affis,ce tiendras.

Siq; ciphum capias utraq; manu capies tu
Et per utrunq; latus non per ripam teneas tu.

Sy hanap prens,que ce foit a deux mains
Car dune feulle,il pourroit efchapper
Par les coftez,le te conuient happer
Non par la riue,honneur en vient a mainctz.

Cum pare fi debes uel cum meliore iacere
In qua parte thori uelit ipfe quiefcere quere

Sy gefir doys,auec quelcun en lict
Soit ton pareil,ou plus digne,ou plus riche
Luy demander quelle part,ne foit chiche
Luy plaift coucher,foit en couche ou challit.

Cum quocũq; tibi prope uel procul accidit ire
Nomen & effe fuum quo quis fit & unde require.

Sy loing ou pres, quant & aucun par voyes
Vas pour plaisir, il te fault requerir
Son nom, son estre, & affaire enquerir
Ou va, dou vient, qui ce faict, ne desuoye.

Cum quocunq; placet tibi peregre ducere gressus
Si potes hos teneas quos es pro posse professus.

Sy affaire as en quelque part aux champs
Mener tu doys, aumoins sil test possible
Qui tu congnoys, mieulx te'sera loisible
Que vng estranger, daucuns en a meschantz.

Cum tibi si pare pergas cum meliore peregre
Quod uelit ipse uelis tibi sic capiet nihil egre.

En loing allant, aue cques compaignon
Grant ou pareil, ce quil veult, fault voulloir
Et ce quil dict, que ten peult il challoir
A gre taura, & seras son mignon.

Si pergere pergas semper de nocte quiescas
Surgas mane sed hospicium deluce capescas.

Loger te fault: & en logys poser
Tout de beau iour, pour la nuyct bien dormir
Aller de nuyct, faict viateurs fremir
Leue matin, apres le reposer.

Inq; domũ ruffi non accipies tibi pausam
Namq; malignandi gerit in se deniq; causam;

En la maiſon dhomme roux,ne te loge
Car quant & ſoy,porte treſmauuayz ſigne
Et ſi me croys,ta vie ne conſigne
Entre ſes mains,Mays ſoudain ten deſloge.

Ex apum iugulo cerui lingua,canis ore
A magnis pedibus caueas bleſoſque lepore.

Garde ton col:de morſure de mouche
Dhomme a grandz piedz,& dun chien enrage
De langue a cerf,ſoyes deſcourage
Et dun flateur,car ſon proffit trop touche.

Si qua uelis emere taxabis emenda modeſte
Hæc mage ſiue minus iures inſtabis honeſte.

Sy achapter veulx de la marchandiſe
Offrir en doys modeſtement tel prys
Quen veulx donner ſans en faire meſpris
Et ne iurer quoy que le marchant diſe.

Obliquo nullum debes corrodere dente
Et liuoris acu nunquã tu punge latéte.

Vituperer ne doys par mal parler
Nul quel qui ſoyt:ne de vice le poindre
Eſtant abſent,car ie te dys ſans faindre
Que enuye y eſt,il ne ſe peult celer.

Si quem præcellas aliquo probitatis honore
Ne iactes,quia laus proprio ſordeſcat in ore.

Sy par richeſſe ou par ſcience acquiſe
Es honore, & les autres execeddes
Pour telle preuue en iactance ne acceddes
Ou pour louange ordure y ſoyt miſe.

Hoſpitibus letum debes oſtendere uultum
Vultus enim letus dandi tibi duplicat cultum.

Tu doys monſtrer a tes hoſtes viayre
Gay & plaiſant car le ioyeux viſaige
Double le bien donne de bon courage
Et au donneur honneur pour ſon ſallayre.

Nocte dieque mane cubiturus ueſpere laudes
Hoſpitibuſque tuis dum diſcedis dato laudes.

Au ſoyr de nuyct & au matin preſente
Louange a dieu, iuſte raiſon lordonne
Qui prudent eſt a ſes hoſtes il donne
Louange auſſy quant du logys ſe abſente.

Irritare canem noli dormire uolentem
Nec moueas iram poſt tempora longa latentem.

Voulant dormir ne irrite point le chien
Par ſon abboy, la teſte auroys fachee
Neſmeulx auſſy, lyre qui eſt cachee
Long temps ya, les deux ne vallent rien.

Compeſcas os arte male nc praua loquatur
Ne malus irrumpat ſetor latrina tegatur.

Ta bouche tiens entre gens refrenante
De mal parler ne dire chose inique
Vng couuertoir, sur retraict on applicque
De pour quen ysse infection puante.

In proprie speras fora dum petis era crumenæ
Fallitur ad fora spes dum bursæ sunt alienæ

Sy en marche, tu veulx chose achapter
Mais espoir, quen largent de ta bourse
En bourse estrange, y a peu de ressource
Lespoir y fault ne ty pense arrester.

Est tibi summus honor soluere solue libenter
Si credideris emes uĕdes uiuesq; decenter.

Sy tu me croys, pour ton honneur tresgrant
Puis paye contant & liberallement
Ce que tu doibs, puis feras gentement
Vente & achapt, & viuras sans garant.

Nil super hoste tuo tua lingua minuãdo loquatur
Hostem namq; suum minuit quicunq; minatur.

Parler couuert, ne trop facheuze myne
Par toy ne soit monstre a ennemy
Car ce voyant, comme non endormy
Se fortiffye, en te mectre en ruyne.

Inq; thorum caueas alienum mittere calcem
Alterius noli in messem tu ponere falcem.

Dedans le lict daultruy, coucher ne pense
Pour attoucher sa femme, fille ou nyepce
Ne mectre faulx, ne faucille a la piece
Sur la messon, dont a faict la semence.

Vltra ꝙ uestis non extendas tua crura.
Nec minus expendas si uis uiuere sine cura.

Nestendz tes piedz, oultre la couuerture
Estant couche, se ny veulx auoir froict
Sy viure quiers sans soing en tout endroict
Despens le tien, compasse par mesure.

Qui plus expendit ꝙ summa rerum rependit.
Non ammiretur si paupertate grauetur.

Qui plus despent que son bien ne se monte
Sans ordre mectre, au temps quest a venir
Sil se congnost, tres paoure deuenir
Ne sesbahysse, il deust auoir grant honte.

Si tecum comedat seruire memento minori
Par tibi tuꝗ pari tribuas cultum meliori.

Sy vng mineur prent sa reffection,
Ou ton pareil, chez toy, ayes souuenance
De les seruir, au grant par contenance
Donnes honneur, pour retribution.

Si tibi quis loquitur uultum tu cerne loquentis
Et sua uerba tuæ secretis insere mentis.

Qui a toy parle escoute sans mot dire
En luy monstrant par amictie ta face
Ce quil te dict en la pensee enlasse
De tes secretz puys voys sil te peult nuyre.

Si te forte domus aliena uocauit ad escas
Donec præceperit mense loca nulla capescas

Sil pour disner quelcun ta inuite
En son hostel ne soyes sy hardy
Place choisir premier comme estourdi
Sans commander de paour destre irrite

Si te maiori peluis famuletur aquosa
Ad manicas eius tua sit manus officiosa

Sy le baccin au quel les mains on laue
Test presente dun gentil ou doffice
Faiz que ta main de ce fasse loffice
Luy en donner te monstrant serf non graue.

Si uideas opus esse cibos succurre parando
Sicque necesse monet mense famulabere stando

Sil est besoing & par necessite
Tu doys ayder a viures preparer
Iceulx seruir & sur table parer
Directement par graciosite

Si maior tecum comedens potauerit esce
Non appone manus sed illi mantile tenesce

Sy ton maieur, auec toy repaissant
Boyt ayant soyf, nayes la main friandre
De lapposer ou plat, nen la viande
Pendant quil boyt, mais boy le temps passant.

Si par uel maior fuerit tibi forte locutus
Donec finierit sua uerba sile quasi mutus

Sy ton pareil a toy parle, ou maieur
Garder te fault, de sa parolle rompre
Tant quayt finy, ne ses termes corrompre
Ou tu seroys, par ta langue oultrageur.

Raro fideiussor uel nunꝗ creditor esto
Multis huius enim geritur res sine molesto.

Pour quel quil soyt, garde toy de respondre
De ce quil doibt a aultruy, par creance
Plusieurs en ont, moleste & dolleance
Dont a la fin, leur conuient brebis tondre

Hæc fugias fastum talos lupamꝗ tabernam
Si dedecus & uitam tibi queris habere supernam.

Sy quiers honneur, & la vie eternelle
Finyr te fault, orgueil, ieu, & putain
Et toy tenir, de tauerne loingtain
Tout ce ne vault vne seulle prunelle.

Si bene uis orare deum thalamum tibi claude
Ast illi qui cuncta uidet tacita prece plaude.

c

Sy pour dieu, tu veulx deuottement
Enferme toy en ta secrette chambre
Car il voyt tout, & de tout se remembre
En le loant, prye tacitement.

Si quis descendat ab equo uel equum graue scãdat
Te præsente tua manus auxilium sibi pandat.

Sil est aucun qui de cheual descende
En ta presence, ou quil monte a grant peine
Ayder luy doys, cest chose est certaine
Ton veul & main, a tel cas condescende.

Des tacite quæ das pro christi nomine si uis
Exemplum dandi spectando potes dare cuiuis.

Si pour lhonneur de Iesuchrist tu donnes
Ou il te plaist, & veulx, aucune aulmosne
Tayre la doys, on le tenioinct au profne
Biien aduisant, ou ton bien habandonnes

Rem de qua loquaris digito monstrare caueto
Nec dum sermo super ouibus sit ouile uideto.

Ie te deffendz, auec le doy monstrer
Chose qui soyt, dont te tiennes propoz
Sermon quon faict, fur quelcun, indispoz
Garder te fault, des yeulx le rencontrer.

Inconstans animus oculus uagus instabilis pes
Hæc tria signa uiri de quo mihi nulla bona spes.

Homme qui a en courage inconstance
Les yeulx vagans, & les piedz instabilles
Se sont troys poinctz, que ie treuues inhabilles.
Dauoir en luy, quelque bonne esperance.

Quam cito descendis ab equo calcar remouendum
Est a calce tuo tibi donec iter sit agendum.

Incontinant, que descendz de cheual
Et quil te fault par la ville trotter
Les esperons de tes piedz faiz oster
Ilz te nuyroient, seult a mont ou a val.

Extrahe si nimis est cuiuslibet ocrea stricta
Si te maior sit sint cætera sumpta relicta.

A ton maieur doys offrir de tyrer
Sy besoing est, ses houzeaulx trop estrainctz
A ton mineur, de ce ne te contrainctz
Sy tu le faiz, tu nen peulx empirer.

Pilea uel quicquid geris in capitis regione
Si magno loquerisq; deo seruis cito pone.

En seruant dieu, & le prestre a la messe
Ou en parlant, a vng grant personnage
Oster conuient, de ta teste quom sage
Bonnet chappeau, promptement sans paresse.

Dum comedis manus incedat mensæ tua soli
Aut caput aut aliud membrum tibi scalpere noli

c ij

Buuant,mengeant,les mains seulles en table
Doys mectre sus,& aultres membres non
Car de villain,impetreroys le nom
Non pas le chef,feusse tu connestable.

In potum sufflare tuum nolitoq; cibumq;
Ne sputo maculare tuo uidearis utrunq;

Garde toy bien,en ta boisson souffler
Nen ta viande,il est trop a reprandre
On pourroit veoir la,ta salliue espandre
Dont se pourroient les assistens truffler.

Pocula si sumas tu mergas labra modeste
Qui prope fert nasum non potum sumit honeste.

Sy du potaige, as voulloir de humer
Plonger y doys,les leures sobrement
Qui nez y mect,trop pres faict sottement
De nestre honneste il est a presumer

Non extollaris si sors tibi prospera cedat
Nam deus in grato cito tollit munera quæ dat

Sy as richesse,il nen fault orgueillir
Dieu souuerain, duquel tout le bien vient
De gre le donne,aussy souuent aduient
Que a lorgueilleux,faict le don tost tollir.

Quicquid agas hosti nunq̃ tua damna loquaris
Neq; tua nunq̃ de potestate queraris

A ton hayneur, iamais ne dys ta faulte
Il cercheroit, ten faire apprehender
Auſſy ne doys, a nulluy conceder
Ta pourete, follye ſeroit haulte.

Ne triſtare nimis ſi ſors aduerſa tibi ſit
Nam deus hos tentat quod diligit & cito uiſit

Toy contriſter, ſi par fortune aduerſe
Tu nas des biens, eſt malfaict ie taſſeure
Cil qui dieu ayme, il leſpreuue en peu dheure
Puys le viſite, & ſon malheur renuerſe.

In te ſi domina domusue tuus moueatur
Dum cadit ira nihil in eo tua lingua loquatur.

Sy par courroux, ton maiſtre ou ta maiſtreſſe
Se ſont eſmeuz contre toy, par quelque ire
Sage fault eſtre, & vng ſeul mot ne dire
Pendant quil ont, tel deſpit & triſteſſe,

Nuncia ſi tuleris coram magnate fer æque
Iuſſa loquens tacite breuiter docte lepideq̃.

Sy vng meſſage, il te fault accomplyr
A roy, ou duc, proffere droict ta charge
Tacitement, briefuement, ce tencharge
Et dornature auec prudence emplir.

Si tibi quis dederit gratis bona ſumito grate
Et data cum dante laudentur plenius a te.

Sy don test faict, & par gratuite
Daucun amy, tu luy en doys mercy
Loant le don, le donateur aussy
Il taymera, en perpetuite.

Si cupias iustum uel honestum noscere uere
Infra tecta sui debes utrunq; uidere

Sy as desir de congnoistre homme iuste
Du bien instruict en quelque faculte
Frequente lay, & sans difficulte
Chez luy verras, sy sage est ou robuste.

Sit tua munda domus & in ipsa quicquid habetur
Dens, manus, os, oculus, nares tibi mane lauentur.

Soyt ta maison, & ce qui est dedans
Necte en tout temps: & quant a ta personne
Dentz, yeulx, mains, bouche & nazilles iordonne
Lauer matin, de paour des accidentz.

Noli culpare dapes quas sumere speras
Si quis præponat coram te nil sibi queras.

En vng hostel ou ton amy te mande
Pour auec luy, meng er de son apprest.
De ce quil a, toy sustanter soys prest
Sans tenquerir sil a autre viande.

Rumorem fugias tu nuncius esse sinistri
Ne sine re cupias tu nomen habere magistri.

Chaſſe rumeur ſans eſtre meſſager
De rapporter, parolle a ſeneſtre
Obſerue auſſy, de maiſtre prendre tiltre
Sil ny a cauſe, il eſt a ledanger.

A quocūꝗ uiro miſſus quicunꝗ tibi ſit
Docte ſuſtineas quodcūꝗ malum tibi dicit.

Sy par quelcun vers autre, es enuoye
Faire vng meſſage eſcoutte ſa reſponce
Et prudent ſoyes, ayant parolle abſconce
Te diſt il mal, le teu ſoyt employe.

Noli maiorem te caſtigare ſuper re
De qua ſi uellet poſſet tibi damna referre.

Par toy ne ſoyt, le tien maieur reprins
Dun cas du quel, reprandre il te pourroit
Car en la fin, dommage te feroit
Sil luy plaiſoit, & en ſeroys ſurprins.

Non intromittas te de qua re nihil ad te
Pertinet ne ſtultumuel neꝗ quiſꝗ probet te.

Ne tentremeſtz de choſe de ce monde
Qui ne te touche, & en rien appartient
Qui trop ſenquiert, pour vng ſot on le tient
Et eſt prouue ignorant ſans faconde.

Promodico tibi non eſt offendendus amicus
Nullus amicitie rem p̄rdit ni ſit iniquus.

Pour vng bien peu doffence,a toy commise
Par ton amy,ne sensuyt pas pourtant
Que son amour,tu perdes tout comptant
Sel nest inique,amour y soyt remise.

Filia si tibi sit cui uernat nubibus ætas
Clauſtri siue uiri properas huic iungere metas.

Sy tu as fille,& elle soyt en aage
De marie r,trouuer luy fault mary
Ou bon cloiſtre,esperant que marry
Tu nen seras,ne le tien parentage.

Raro breues humiles uidi,ruffoſq; fideles
Albos audaces miror magnos sapientes.

Petites gens humbles,a tard ay veuz
Et en rousseaux fidelite auoir
A blancs audace,& mesbahys pour veoir
Comme les grandz,sages sont apperceuz.

Sedulus in ſtudio puer in templo pius eſto
Pacifice redeas per uicos atq; plateas.

O mon enfant,ie te prye eſtudye
Songneusement,eſtant begnyn au temple
Allant,venant,honneſtete contemple
En fin auras,de cieulx la mellodye.

◦Fin de la traduction du petit liure de Facet.

◦De mal en bien.

¶Aultres dictons composez a
plaisir par le susdict acteur suy=
uans par les commancemens les
lettres de lalphabet.

Dieu est deu,loange & gloire
Au roy tribut,loz & honneur
Regner on ne peult sans seigneur
Les sainctz espritz,en font memoire.

Blazonner sur saincte escripture
Et reprandre,plusgrand que soy
Luy faict errer contre la foy
Lautre est de hayne coniecture.

Cas euident,vil & enorme
Commis daucun,ayant grant port
Sil nest pugny pour son support
Peu en vault la reigle & la forme.

Debiteurs nous sont de iustice
Princes,pour nostre obeissance
De nous ilz ont biens & puissance
Dont fault que deulx,raison iuste ysse.

Enuieux meurt,& non enuye
Qui ne faict mal que a lenuieux
Qui daultruy biens est curieux
Sil en a,les pert & la vie.

Femme ne doibt estre maistresse.

Deuant son mary,chose vraye
Car la,ou cler soleil raye
Lalune na point de prouesse.

Grandz biens font lhomme mescongnoistre
Sy poure a este quelque temps
Par ce sortent noises contendz
Car nul ne le veult seur congnoistre.

Homme trop courant,nest pas sage
Mays qui va bien & bellement
Ne peult aller mauuaisement
Et ne tumber en mauuais passage.

Ieunesse est doubteuse a passer
Cest tout quauoir bonne conduicte
Sy de mal viuans,on faict suytte
Biens amassez,fault detasser.

Calamitez,miseres,pleurs
Au iour du iugement verrons
En vng lieu,tous assisterons
Penser fault a telles doulleurs.

Lamant tracasse iour & nuyt
Pour seruir sa dame & samye
Mais a leglise ne va mye.
Pour seruir dieu,peche luy nuyt

Mieulx vault scauoir,que or ny argent
Ieune enfant doibt estudier
Homme ne scauroit mendyer
Sy de science,a quelque art gent.

Nourrir aultruy en son hostel
Et qui deshonneur y pourchasse
Dun grant faict doibt auoir la chasse
Trop plus que vng ennemy mortel.

Option de bien ou mal viure
Auons de dieu, par vrayz esdictz
Bien viuans, gaignant paradiz
Qui mal vit, le dyable tend suyure.

Peuple asseure & bien instruict
Qui vraye foy, point ne chancelle
Mais peuple flottant en nasselle
Par les ventz, peult estre destruict.

Qui dieu blasme & souuent iure
Diniquite sera remply
Il vauldroit mieulx prendre aultre ply
Que faire au createur iniure.

Raison en soy, lhomme doibt mectre
Ou raison en luy se mectra
Pour le scauoir cas commectra
Tel que dieu le vouldra permectre

Seruir dieu, sa mere, & les sainctz
Estre aux indigens charitable
Font de lhomme esiongner le dyable
Et mainctiennent lame & le corps sains.

Tenir compte des biens du monde
Et spirituelz mectre bas

Cest estimer vng viel cabas
Contre vne perle grosse & ronde.

Verite doibt chascun tenir
Cest complexion treshonneste
A peine aduient il bonne feste
Dun mensonger entretenir.

Xenophon, philosophe antique
Dit quen lautre monde y a este
Puys a conclud quil faict bon estre
Regnant dessoubz le polle artique.

yuróngner & estre glouton
Conuertir son bien en despence
Cest faire son dieu de sa pance
Tout ce ne vault vng seul bouton.

zizane qui est semee
Entre gens sans nulle raison
Plus dangereuse est que poison
Et pour fin doibt estre blasmee.

      De mal en bien.

¶ Comploration sur le trespas de defuncte tresmagnanime, tresillustre & tresloable dame Madame Loyse de Sauoye mere du Roy Francoys premier du nom.

EN la saison que autonne auoit son cours
La lune errant, ou siecle, sans discours
Regnant le signe, aquarius diuers
Froict & humide, & bien souuét peruers
L an mil cinq cens, auecques trente & vng
Vng vendredy, qui fut iour importun
Vingt & deuxiesme, au certain men remembre
Du moys doubteux, quon appelle septembre
Gisant au lict, pour prendre mon repoz
Vint Iupiter, de semblant mal dispoz
Auant mynuict, vne heure, ou a peu pres
Monstrant facon, destre venu expres
Pour separer & tyrer de mon corps
Le myen esprit, & de faict len mist hors
En me disant, pas nest temps de dormir
Mais de plorer, doloser & gemyr
A present veulx teslire commissaire
Pour veoir la fin, dun faict non necessaire
Puys me transmist, en vng lieu nomme: grez
Ou se faisoient cent milliers de regrectz

La instamment, iaperceuz troys meurdrieres
Pleines dhorreur, oultrageuses & fieres
Cestoient, Cloto, Lachesis, Attropos

Qui de leurs mains, occirent sans propos
Ainsy que bien congnoissance en auoye
Ma dame en nom Loyse de Sauoye
Mere du roy, Francoys premier du nom
Qui par sus tous, a loz & bon renom
Lors mescryay, furibundes chymeres
Lasches de cueur peruerses & ameres
Sans nul esgard, vipperes veneficques
Aspicqz cruelz, ordz regardz basillicques
yeulx enflammez, cerastes serpentines
Crintz collubrins, deuorantes vulpines
Crocqz venimeux, lezardes excecrables
Precizes en mal, bestes inexorables
Malingz espritz par vostre faulce enuye
Auez tollu, & efface la vie
A la plus noble, & plus prudente dame
Plus vertueuse, en tous faictz sans diffame
Quoncques regna, en ce pays de france
Par son trespas, nous mectez en souffrance.

Conuenoit il, que le chef de bonte
Qui par honneur, a este tant dompte
Lescu de foy, le vaisseau de constance
La noble fleur, de vertu & prestance
Feust sy soudain, attrappee en voz laz
Pour a nous tous, faire cryer helas.

O cueurs marbrins, o louues enragees
Sans nul coufort, a toute despit rengees
Ou desraison a lieu puantes lysses
Plus ne viurons, en plaisirs ne delices
Par vous auons perte irrecuperable
Qui a iamais nous sera dommageable

Plorons francoys, plorons a larmes doeil
Et en noz cueurs, portons vng dolent deul
Tyssu dennuy, de courroux, & tristesse
Plus ne verrons nostre bonne maistresse
Qui pour nous sest, en tout temps employee
Tant quen la fin par mort, en est ployee
Mais quoy que soyt, ses bienssaictz nous demeurent
Impossible est, que bonnes oeures meurent.

Cessez vos chantz, nymphes mappees muses
Mectez au bas flaiolz & cornemuses
Pareille ment, vous doulces oreades
Sathyres faons, charites & nayades
Secourez vous, a plorer linfortune
Vous y perdrez, car la perte est commune
Tous voz confors, que lon pourroit nommer
Il vous plaira, semondre & les sommer
De larmoyer, quant & nous laduanture
Quest aduenue a telle creature
De sy hault prys, que langue pourroit dire
Et sans reproche, on nen scauroit mesdire.

Mes cryz finiz Attroppos se aduanca
Et haultement en commun prononca
Disant telz motz, ne faictes plus complaincte
Car cest sur vous, quelle doibt faire plaincte
Sy nous lauons, ostee de ce monde
Tout le messaict, de vous francoys redonde

Ceste princesse, honnorable & begnine
Onc ne cessa, de vous monstrer le signe
De vraye amour, employant sa puissance

A vous garder, de perte & de nuyſance
Depuys le temps, que ſon enfant fut roy
Neuſt vng ſeul iour, de plaiſir ſans eſmoy
Touſiours eſtant, ententiue & ſongneuſe
Craignant de veoir, choſe inominyeuſe
Et de ſon temps, nauez perduz voz terres
Ny en voz fins, ſouſtenues les guerres
Inceſſamment pour vous a bataille
Tant nuyct que iour, couru & trauaille
Pour mectre paix. & de ſy bon accord
Quen voz pays, ny a plus nul diſcord
Le roy ſon filz, ſurprins des ennemys
Par ſon bon ſens, a en France remys
Ses deux enfans qui tenoient oſtage
Vous a renduz, qui eſt treſroyal gaige
Que voulez vous, que plus elle vous faſſe
Sy par amour, luy auons faict la grace
De lexpulſer, du monde miſerable
Pour laliurer, en ioye pardurable
Soyez contentz, car trop a eu duree
Dauoir pour vous tant de peine enduree.

Quant euſt ce dit, ie veiz les cieulx ouuers
Et leurs ſecretz, clerement deſcouuertz
Puys tout a coup, par maniere demblee
Ieuz viſion, dune grande aſſemblee
Dont ie retins, toute lordre en memoire
Venant du ciel, il eſt aſſez notoire.

Premierement, vng chariot ie veiz
Voyre branlant, compaſſe par deuiz
De main douurier, ſcauant oultre nature

Et croy quil feift,des cieulx larchitecture
Ce chariot fe nommoit fapience
Le gallemart,felon lexperience
Portoit le nom,de grande auctorité
Et le coffroit,fe nommoitverite
Sur le deuant,deux roes y auoit
Portantes noms,comme on apparceuoit
Lune iuftice,& lautre temperance
Sur le derriere, y auoit differance
Force & prudence,apperceuz titullees
Pour le tyrer,y furent attellees
Triumphamment,troys blanches hacquenees
Franches du tout,modeftes,refrenees
Dont la premiere,auoit nom charite
Marchant fans crainte,& fans temerite
Foy au meillieu,& efperance apre s
Et le chariot,qui le fuyuoit de pres
Eftoit raifon,& fon foict loyaulte
Vng feul efcriptny veiz de cruaulte
A chafcun renc,auoit vne feneftre
Ou beau parler,eftoit a la feneftre
Et doulx regard,a la dextre conftruict
Louurier fufdict,en tout fcauoir inftruict
Pour fon plaifir,nomma la couuerture
Humilite,ien congneuz lefcripture.

Puys fut conclud,par concille cellicque,
Ad ce prefens la nature angelicque
Que ou chariot,feroit par bonne guife
Pofe lefprit,de ma Dame Loyfe
Portant au col,fon efcu dermarye
A blanche croix,en ce ie ne varye

d

Compaignie eut,de eue premiere mere
Et de sarra,par excellent myftere
De rebecca,rachel,ruth,& hefter
Gabba,iudith,pour la manifefter
Abigail,& autres du viel temps
Dames dhonneur,ainfy comme ientendz
Pour la conduyre,a paffer les deftroictz
Lieux tenebreux,dangereux & eftroictz
Des manfions,plutoniques & bifmes
Ou font pugniz,malefices & crimes
Puis la liurer en confolation
Pour ioye auoir,fans defolation.

La mere a dieu,fy feuft trouuee,mais
Son filz luy dift,vous ne feuftes iamais
Par les fentiers,des manoirs obfcurcys
Ou font pecheurs,par defconfort tranfys
Laiffez aller,celles deuant predictes
Qui ont paffez les voyes & limites
En tel danger, que encores feuffent leans
Sans moy qui feuz,defrompre leurs lyens

Palas qui fut,fa grande mere nourriffe
Du charioit eftoit la conductrice
Et pour guidon, ilz eurent faincte helene
Qui de lamour de vraye croix fut pleine
Celle ou iefus fut cloue & pendu
Et fon pur fang:pour pecheur efpandu
Deuant alloit en fage contenance
Portant fa croix,par trefbelle ordonnance.

Tout le pourprins,& les habitz des dames

Estoient de blanc, raye comme de flammes.

Puys prestement, au regime de lair
Le chariot, se voullut esbranler
Au son courtoys, du gentil zephirus
Qui au partir, les a fort secouruz
Et tant on faict, par leur vol repentin
Que arriuez sont, au manoir serpentin

Et brun seiour, cerberin, a main forte
Lors cerberus, sensuyt ouurant la porte
Recongnoissant ceste croix & enseigne
Et en fuyant, le chemyn leur enseigne
Les adressantz, a caron nauthonnier
Laid & puant, & tresord pouthonnier
Qui les passa, les fleuues treshorribles
Dacheron, stix, & flegeton, terribles
Auec bethes, ou feu flamme & gelee
Dedans iceulx, ensemble est congelee
Plus auant vont, la ou pluto reside
Qui en sa chaize, en feu ardant preside
Il se cacha: & toute sa famille
Monstres serpentz oyans hurlemens mille

Quant est de moy tout franchement me ingere
Dinterroger la matrosne megere
Que voulloit dire vng lieu ainsy que vng gouffre
Tout estoffe, de salpestre & de souffre
Enuironnee de crappaux, sans lumiere
Et dont sortit trespuante fumiere.

Elle me deist, pour tost me contenter

Ceſt pour plonger ce malheureux luther
Et ſes conſors, ſciſmateurs hereticques
Qui follement, par meſchantes praticques
Veullent ſur terre adnichiller legliſe
Pour leur proffit, ſoubz couuerte fainctiſe
De leur venyn, ia france eſt forte infecte
Almaigne auſſy, en eſt quaſi forfaicte

Apres auoir veu cauernes & cymbes
Lacz & cahoz, les ciſternes & lymbes
Cedict chairroy, ceſt trouue en la place
Sollacieuze, ou tout chagrin ſefface
Sans plus oyr, que doulceur darmonye
Donnant le ſon, par lart de ſymphonye
Les oyſillons, y faiſoient bon deuoir
De bien chanter, au mieulx de leur pouoir

Fleurs & rameaulx, rendoient odeur fort grande
A brief parler, chaſcun faiſoit offrandre
De ſa puiſſance, a la dame notable
Luy demonſtrant, vne amour treſaffable
Et pour la fin, les martyrs & vierges
De paradis auecques de blancz cyerges
Veufues auſſy, ſe trouuerent ou lieu
Par le voulloir, & bon plaiſir de dieu

Subſequemment, la lune & le ſoleil
Les elemens, en treſbel appareil
Aſtres auſſy, plannettes & comettes
Sortyrent hors de leurs ſieges & mectes
Et tous dun vol tyrerent de la terre
Ce chariot, par ſonnoureux tonnere

Riens ne laiſſant, de toute laſſiſtence
Les conduyſant, ſans nulle reſiſtence
Iuſques es cieulx ou troſne deificque
Ou la dame a, tout ſoullas pacificque.

Le ciel eſtant, ainſi quay dit, deſcloz
En ſillier doeil, fut reprms & recloz
Et auſſy toſt, mon eſprit fut remys
Dedans mon corps comme on mauoit promys.

Le lendemain conſiderant ſa vie,
Quen bonnes meurs, elle auoit aſſeruye
Foy adiouxtay, aux choſes par moy veues
Et que a bon droiĉt, elle eſtoit des eſleues
A poſſeder es cieulx, ioye eternelle
Ainſy ſoitil, par grace ſupernelle.

De mal en bien.

Champ royal faict en lhonneur de la vierge Marie.

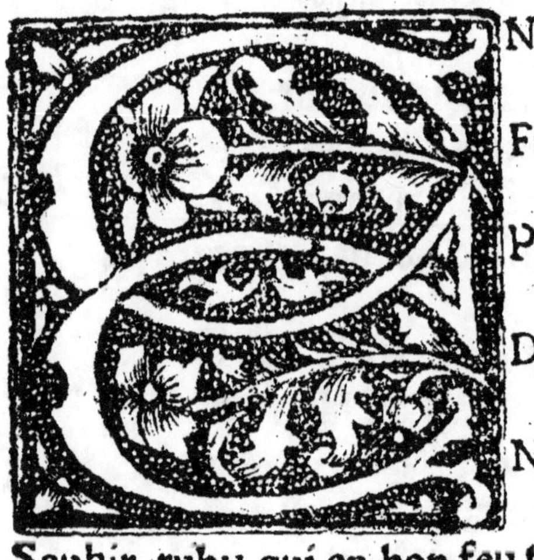

N vng verger le plus be
au de la terre
Fut esgaree, & longue
ment perdue
Par homme & femme,
vne diuine pierre
Dont cause fut, enuye cõ
fundue
Nul dyamant, escharbou
cle ou toppasse
Saphir, ruby, qui en bon feu tout passe
Vraye amatiste, enchassee en relicque
Ny esmeraulde en verdeur clarificque
Nont eu ne auront vigueur sy delectable
Parquoy nommer, la conuient sans replicque
Pierre de prys, tresdigne & proffitable

Hors du verger, les susdictz a grant erre
Furent chassez, la pierre non rendue
Leurs successeurs, pour icelle conquerre
En mainctz endroictz, prindrent leur estendue
Prophetes, roys, chascun en temps pourchasse
A la trouuer, & quisrent longue espace
Mays leurs espritz, nen eurent la praticque
Ne le scauoir, daristote autenticque
Qui composa elixer admirable
Par ce quelle est celeste & splendificque
Pierre de prys, tresdigne & proffitable.

Puiſſance elle a, ſur tempeſte & tonnerre
Et ſy ne peult a nul eſtre vendue
Bien cinq mil ans, au monde a tenu ſerre
Sans quon layt veue, au col daucun pendue
Qua gens prudentz, a grant nombre on amaſſe
Par les eſcriptz, de lancienne race
Et quon ſenquiere, en dit cathegoricque
Sy trouue ont la pierre deificque
Diront que non, ceſt choſe veritable
La regreſtant: & nommant par canticque
Pierre de prys treſdigne & proffitable.

Vne pucelle entiere plus que vng verre
Qui de dauid, par ligne eſt deſcendue
Lodeur paſſant: de baſme: encens & myrre
De tout peche gardee & deffendue
Par la conduicte, aduis & efficace
Dhumilite, qui les ſept vertus laſſe
Trouuee la, par recit angelicque
Ce procedant, de trinite vnicque
Qui pour humains, treſort eſt conuenable
Moult precieulx, illuſtre & magnificque
Pierre de prys treſdigne & prouffitable.

Par le verger, plus vert que pre ne lyerre
De paradis terreſtre, eſt eſtendue
La noble place, ou le ſerpent ſans guerre
Conquiſt adam, par eue a heure indeue
Par leur offence, ilz perdirent la grace
Du createur, la pierre eſt ſans fallace
Et la pucelle humble vierge & pudicque
Mere a ieſus, ceſt foy euangelicque

d iiñ

Grace as trouuee,enuers dieu sans trafficque
Pierre de prye,tresdigne & proffitable.

Prince des cieulx,tout homme catholicque
Te gloriffie,adore & puys sapplicque
A venerer ta mere tant loable
A qui donnas contre furt sathanicque
Pierre de prys,tresdigne & proffitable.

✠ De mal en bien.

❡Ballade en lhonneur de la ſuſdict Dame.

Vys quainſy eſt, que di
eu le creatcur
Tranſmiſt du ciel, ga-
briel ſon bel ange
Pour ſaluer la mere au
redempteur
Du genre humain , ne
nous ſoit donc eſtrange
La venerer, en luy don
nant louange
Pour tel ſalut yſſu de
trinite
Delle faiſant grande ſollempnite
Car ſon moyen, nous preſerue de flamme
Parquoy chreſtiens dardue amenite
Diſons aue, a ceſte belle dame.

Ieſus ſon filz, delle eſt vray amateur
De ſon pur laict, la nourry ſans meſlange
Ceſt noſtre dieu, ceſt noſtre protecteur
Qui pour nous fut pendu en croix ſans lange
Quant de ſa mere, onc neuſt tache de fange
Pudicque fut, & ſans mondanite
Sans nul orgueil, ſans nulle vanite
Toute belle eſt, & de bonte a fame
Dont a tous prye, & par fraternite
Diſons aue, a ceſte belle dame.

Sil est aucun,de foy violateur
Qui la desprise,iniurye ou calange
De saincte esglise est vray persecuteur
Infect puant,& confict en ledange
Es cieulx nya seraphin ny archange
Qui ne lhonnore en la diuinite
Voyant sa gloire,& en eternite
Son filz pryant pour celuy qui la clame
Donc nous pecheurs,pour nostre indampnite
Disons aue,a ceste belle dame.

Prins ce,& comprins,sa grande dignite
Et que dieu la,par sa benignite
Gloriffyee es sainctz cieulx corps & ame
Pendant quauons temps dopportunite
Disons aue,a celle belle dame

☙ Rondeau.

Apres Iesus premier fault requerir
Pour paradis,en la fin acquerir
Sa doulce mere & pucelle marie
Car qui la sert,& humblement la prye
En nul danger,il ne peult encourir.

Cest le secours,qui nous peult secourir
Au grand peril lors quil conuient mourir
Contre le dyable,en ce ie ne varye

☙ Apres Iesus.

Les sainctes & sainctz,es cieulx nous font

Les suppliant de prier deperir
Mays lhumble vierge ou bonte nest tarye
Plus amer est,& par grace cherye
Parquoy vers elle,a bon droict fault courir.

Apres Iesus.

Lacteur.

Ioye sans fin,en ce monde & es cieulx
Ayt le bon roy Francoys victorieux
Qui entretient son peuple en vraye foy
Vertu, valleur,verite,en tous lieux
Estend a plain,se monstrant gracieux
Sans luy viurions,tousiours en quelque esmoy
Dieu eternel,le retienne pour soy
En luy donnant,tel don que veulx pour moy
Lequel contient le desir de sa grace
Au terrestre estre & aussy quil me fasse
Hardy & prompt,pour sa loy soustenir
Oultre pretendre paradiz obtenir
Gloriffyant Iesus comme vraye crestien
Veulle mon roy a tel eur aduenir
Et moy tousiours aller

De mal en bien.

Imprime a Paris,par maistre Pierre Vidoue,pour
Galliot du Pre,Libraires iures de Paris.

1535

LA
VOOVE
GVALLEE
GALLIOT · OV · PRE